Carlos and the Cornfield

Carlos y la milpa de maíz

Story by / *Cuento por*
Jan Romero Stevens

Illustrated by / *Ilustrado por*
Jeanne Arnold

rising moon
Books for Young Readers from Northland Publishing

Carlos bent down to look through the side of the glass case, then stood on his tiptoes to peer in from the top.

Lying on a piece of dark blue velvet was the most beautiful thing he had ever seen—a red pocketknife with two blades, a tiny pair of tweezers, scissors, a can opener, and a plastic toothpick.

"Qué hermosura!" ("How beautiful!") he said, admiring the knife from all angles.

Carlos took all the change from his pockets and counted it slowly, hoping he had enough money to buy the red knife. But he was still several dollars short.

Carlos se inclinó para ver por el lado de la vitrina, y luego se paró de puntitas para ver desde arriba.

Sobre un pedazo de terciopelo azul oscuro estaba la cosa más maravillosa que jamás había visto, una navaja roja con dos hojas, un par de pinzas, unas tijeras, un abrelatas y un palillo de plástico.

—¡Qué hermosura! —dijo, admirando la navaja desde todos lados.

Carlos sacó todo el cambio de sus bolsillos y lo contó lentamente. Esperaba tener suficiente dinero para comprar la navaja roja. Pero le faltaban unos dólares.

Disappointed, he left Señor Lopez's store, hopped on his bicycle, and pedaled quickly down the street. After a few curves, the road turned to dirt and the houses came farther and farther apart.

Carlos and his family lived in the fertile Española Valley in northern New Mexico. Their home, with its thick adobe walls and high-pitched tin roof, was next to a large field that Carlos's father planted each spring in rows of sweet yellow corn.

How Carlos loved corn! He loved hot corn tortillas, spicy corn tamales at Christmastime, and corn on the cob, shiny with butter and sprinkled with salt. On cool fall mornings, he loved hot cornmeal pancakes, drizzled with honey.

Desanimado, se fue de la tienda del señor López, se montó en su bicicleta, y se fue rápidamente calle abajo. Después de unas curvas el camino se convirtió en tierra y había más y más distancia entre las casas.

Carlos y su familia vivían en el valle fértil de Española en el norte de Nuevo México. Su casa, con sus gruesas paredes de adobe y su techo de lámina de dos aguas estaba junto a una milpa grande que su papá plantaba en hileras de dulce maíz amarillo.

¡Cómo le encantaba el maíz a Carlos! Le encantaban las tortillas calientes de maíz, los tamales picosos que hacía su mamá durante la Navidad, y el elote, brilloso con la mantequilla que le ponía y rociado con sal. En las mañanas frías de otoño le fascinaban los panqués de maíz chorreados con miel.

Carlos changed out of his school clothes and walked out to the field to help his father.

He began working the dark soil with his hoe, breaking up the large clumps of dirt so that it was smooth and even. After about an hour, his father called to him.

"*Mijo,* my son, I have a big job for you. Now that the ground is ready, I want you to plant the seed. Come here and I will show you what I need you to do."

Carlos se cambió de la ropa que usaba para ir a la escuela y se fue al campo a ayudarle a su papá.

Empezó a trabajar la tierra oscura con el azadón, rompiendo los terrones grandes de tierra para que estuviera lisa y uniforme. Después de más o menos una hora su papá lo llamó.

—Mijo, tengo un trabajo importante para ti. Ahora que la tierra está lisa, quiero que plantes la semilla. Ven acá y te enseñaré lo que necesito que hagas.

Carlos's father picked up a large bucket of corn seed, which looked like dry kernels of corn.

"This seed must be planted in a very special way," Papá said, as he handed Carlos the bucket.

"You must walk down the first row and drop three seeds, no more, in each hole. Otherwise the corn will not grow right. When you finish the first row, start the second, and continue until the pail is empty. Remember, *Cosechas lo que siembras*—You reap what you sow. Do you understand?"

"*Sí,* Papá, I do," said Carlos. But he didn't really understand what Papá meant, and when he looked in the bucket, he thought he had never seen so much corn seed in his life.

"Because this is such a big job, when you are finished, I will give you five dollars," said his father.

El papá de Carlos levantó una cubeta grande llena de semillas de maíz, que parecían granos secos de maíz.

—Esta semilla se debe plantar de una manera muy especial. —dijo Papá, al darle a Carlos la cubeta.

—Debes caminar por la primera hilera y dejar caer tres semillas, ni una más, en cada agujero. De otra manera el maíz no crecerá bien. Cuando termines la primera hilera, empieza la segunda y continúa así, hasta que la cubeta esté vacía. Acuérdate que cosechas lo que siembras. ¿Me entiendes?

—Sí, papá, entiendo. —dijo Carlos. Pero en realidad no entendía lo que Papá quería decir, y cuando miró en la cubeta, pensó que jamás en su vida había visto tanta semilla de maíz.

—Este sí que es un trabajo importante y por eso cuando termines te daré cinco dólares. —le dijo su papá.

Carlos could hardly believe his good fortune. With the five dollars he would have enough money to buy the red pocketknife in Señor Lopez's store.

Carlos was almost too excited to sleep that night, and right after breakfast, he ran outside to begin his job.

"*Uno, dos, tres.*" Carlos counted out three seeds and dropped them into the first hole. When he was finished with the long row, he turned around and looked back at where he started. It seemed so far away. But when he looked in his bucket of corn seeds, it looked just as full as when he had started.

Dios mio! (Oh my goodness!) he thought. I've planted all these seeds but it doesn't seem like I have used any yet. I'll have to work even harder.

So he moved to the next row and started again.

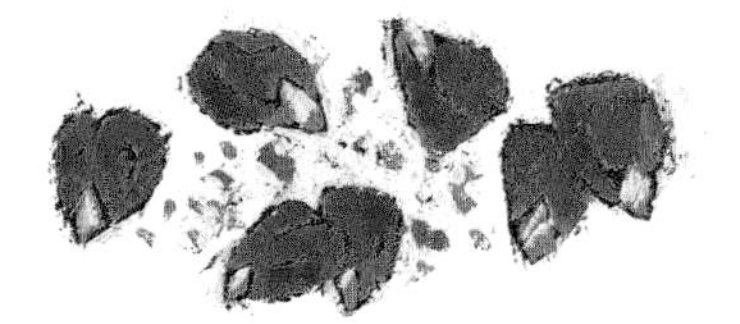

Carlos casi no podía creer su buena fortuna. Con los cinco dólares tendría suficiente dinero para comprarse la navaja roja en la tienda del señor López.

Carlos estaba tan emocionado que casi no pudo dormir esa noche, y despuecito de desayunar corrió afuera a comenzar su labor.

—Uno, dos, tres. —Carlos contó las tres semillas y las dejó caer en el primer agujero. Cuando había terminado con la primera hilerota, se dio la vuelta y miró hacia atrás, a donde había empezado. Parecía tan lejos, pero cuando miró en su cubeta de semillas de maíz se veía igual de llena que cuando había empezado.

¡Dios mío! pensó. He plantado todas estas semillas pero no parece que he usado ni una todavía. Tengo que trabajar aún más duro.

Así que se movió a la siguiente hilera y empezó de nuevo.

"Uno, dos, tres," he said to himself, counting the seeds, and finally he finished the second row. Again he looked into the bucket. Still there seemed to be almost no difference in the number of seeds left.

Carlos was already starting to get tired and hot. He thought he would never finish his job.

Just then, he had an idea. If he put four or five seeds into each hole instead of three, he could be finished much sooner.

He began to count: *"Uno, dos, tres, cuatro, cinco."* Five seeds in each hole this time.

At the end of the sixth row, he looked in the bucket again. The pail still seemed almost as full as before. He was going to have to do something different to be finished in time. Why not put six seeds in each hole?

—Uno, dos, tres. —se dijo, contando las semillas, y por fin acabó la segunda hilera. De nuevo miró en la cubeta. Todavía parecía que no había diferencia en el número de semillas que quedaban.

Carlos empezaba a sentirse cansado y tenía calor. Pensaba que nunca iba a terminar su trabajo.

En ese instante se le ocurrió una idea. Si en vez de tres ponía cuatro o cinco en cada agujero, terminaría mucho más pronto.

Empezó a contar —uno, dos, tres, cuatro, cinco. —Cinco semillas en cada agujero esta vez.

Al final de la sexta hilera, miró en la cubeta de nuevo. La cubeta todavía parecía estar tan llena como antes. Tendría que hacer algo diferente para terminar a tiempo. ¿Por qué no echar seis semillas en cada agujero?

"Uno, dos, tres, cuatro, cinco, seis," he said out loud as he dropped six kernels into the ground.

But even that did not finish the job.

So Carlos scooped out a handful of seeds for each hole, and quickly emptied the bucket, leaving the last two rows unplanted. Excitedly, he ran up to the house where his father was having a drink of water.

"Papá, Papá. I am finished!" said Carlos, and he hurried to his room to get his money, hidden in his dresser drawer underneath his T-shirts. When Carlos returned to the kitchen, his father handed him a five dollar bill.

"This is for you, *mijo.* You deserve it for working so hard."

"Thank you Papá," said Carlos, and he ran outside, grabbed his bicycle, and was off to Señor Lopez's store.

—Uno, dos, tres, cuatro, cinco, seis.—dijo en voz alta al echar seis granos en la tierra.

Pero ni eso lo dejó terminar su trabajo.

Así es que Carlos tomó un puño de semillas para cada agujero en las siguientes hileras y rápidamente vació la cubeta, dejando las últimas dos hileras sin plantar. Emocionado se fue corriendo a la casa donde su papá estaba tomando agua.

—Papá, Papá. ¡Terminé! —dijo Carlos, y se fue de prisa a su cuarto por su dinero que estaba escondido en el cajón de su armario, abajo de sus camisetas. Cuando regresó a la cocina su papá le dio un billete de cinco dólares.

—Esto es para ti, mijo. Te lo mereces por haber trabajado tanto.

—Gracias Papá.—le dijo Carlos, y corrió afuera, agarró su bicicleta, se montó en ella y se fue rumbo a la tienda del señor López.

"You're just in time," said Señor Lopez. He knew exactly what Carlos wanted as soon as he saw him. The old man folded up the tweezers, scissors and blades on the red knife, and carefully slipped it into a black felt pouch. Carlos paid Señor Lopez and rode quickly home. Every few minutes, he checked to make sure the knife was still secure in his pocket.

—Llegas justo a tiempo.—le dijo el señor López. Sabía exactamente lo que Carlos quería tan pronto como lo vio. El viejito cerró las pinzas, las tijeras, y las hojas de la navaja roja, y con cuidado la metió en una bolsita de fieltro negro. Carlos le pagó al señor López y se fue rápidamente a su casa en su bicicleta. A cada ratito, se aseguraba de que la navaja todavía estuviera en su bolsillo.

A few weeks passed, and the days grew warmer. Carlos used his pocket-knife often. He whittled a long pole for fishing and cut the fishing line with the knife's tiny scissors. Sometimes he needed the tweezers to remove a splinter from his finger. Once he even used the can opener and ate lunch outside with his cousins.

Carlos had forgotten about the cornfield.

Then one evening at dinner, his father told him the corn had begun to sprout. Carlos had a very uneasy feeling.

Después de unas semanas, empezó a hacer calor. Carlos usaba su navaja seguido. Con la hoja de la navaja, talló un palo largo para pescar y cortó la cuerda de pescar con las tijeritas. A veces necesitaba las pinzas para quitarse una astilla del dedo. Una vez hasta usó el abrelatas y comió al aire libre con sus primos.

Carlos se había olvidado de la milpa de maíz.

Entonces, una noche cuando estaban cenando, su papá le dijo que el maíz había empezado a brotar. Carlos se sintió un poco incómodo.

That night he slipped out his bedroom window. In the moonlight, Carlos could see that his father was right—the little plants had certainly sprouted. In the first rows of the field the stalks were growing even and straight. But in the middle rows, the plants had come up in haphazard bunches. In the last rows, where he had run out of seeds, no plants were growing at all.

Desperately, Carlos began pulling some of the tiny sprouts, transplanting them into the empty rows of the field. After working for nearly an hour, he could see it was no use.

Tired and discouraged, he crawled back into his bedroom window. He slept late the next morning. When Mamá came in to tell him she and Papá were going to visit their aunt and uncle, Carlos told her he wasn't feeling well and wanted to stay home.

Esa noche se salió por la ventana de su recámara. A la luz de la luna, Carlos podía ver que su papá tenía razón, las mazorcas de verdad estaban brotando. En las primeras hileras de la milpa las mazorcas estaban creciendo uniformes y derechas. Pero en las hileras de en medio, las plantas habían salido amontonadas. En las últimas hileras, donde se le había acabado la semilla, ni una planta crecía.

Desesperadamente Carlos empezó a sacar algunos de los retoños. Los trasplantó a las hileras vacías en la milpa. Después de trabajar casi una hora, pudo ver que de nada le servía.

Cansado y desanimado se metió a su recámara por la ventana. No se despertó hasta tarde la siguiente mañana. Cuando su mamá vino a decirle que su papá y ella iban a ir a visitar a sus tíos, Carlos le dijo que no se sentía bien y que se quería quedar en casa.

As soon as his parents drove away, Carlos jumped on his bicycle and headed to Señor Lopez's store. Bursting through the door out of breath, Carlos told Señor Lopez he wanted to sell his knife.

"But Carlos," replied Señor Lopez, "your knife is used. I cannot sell it again."

"Oh please, Señor Lopez—I must have the money back!" pleaded Carlos.

Señor Lopez scratched his chin. He sensed there was a problem. "All right, Carlos," he said, opening his cash register and handing Carlos the money.

Hopping back on his bike, Carlos pedaled to the feed store, where he purchased a bag of corn seed.

Tan pronto como sus papás se fueron, Carlos se montó en su bicicleta y se fue a la tienda del señor López. Jadeante, abrió la puerta y le dijo al señor López que quería vender su navaja.

—Pero Carlos, —le respondió el señor López, —tu navaja está usada. Yo no puedo venderla otra vez.

—Por favor señor López, necesito que me regrese el dinero. —le rogó.

El señor López se rascó la barbilla. Sintió que había un problema. —Bueno Carlos. —dijo, y abriendo la caja registradora le entregó el dinero.

Montándose de nuevo en su bicicleta, Carlos se fue al almacén donde compró un costal de maíz.

FLOUR
BEANS
BEANS
BEANS
BEANS

That night, he crawled out his window again, this time to plant the last rows of the field. In the moonlight, he poked new holes with a stick, then walked down the rows, carefully counting out exactly three seeds in each hole. Finally finishing his job, he went back to bed, sleeping soundly until the next morning.

That year, Carlos's father harvested the field later than usual. He noticed something peculiar about the corn from the last two rows but said nothing.

Esa noche, se salió por su ventana otra vez, esta vez para plantar las últimas dos hileras de la milpa. A la luz de la luna, hizo nuevos agujeros con un palo, entonces caminó por las hileras cuidadosamente contando exactamente tres semillas en cada agujero. Finalmente terminó su labor, se regresó a su cama y se quedó profundamente dormido hasta la siguiente mañana.

Ese año, el papá de Carlos cosechó la milpa de maíz más tarde de lo que acostumbraba hacerlo. Se dio cuenta de algo extraño en las últimas dos hileras de maíz, pero no dijo nada.

One fall morning, Mamá made cornmeal pancakes for breakfast.

"Blue corn cakes, my favorite," said Carlos, as he spread honey on a hot pancake. "Where did we get blue cornmeal?"

"Why Carlos, don't you remember?" asked Papá, holding back a smile. "You planted it yourself." And at that, Papá slapped both his knees and burst into laughter.

Realizing then he had bought blue corn seed instead of yellow, Carlos was embarrassed.

"*Sí,* Papá," Carlos said sheepishly. Then he began to smile. "But I remember what you said—*Cosechas lo que siembras*—you reap what you sow."

Una mañana de otoño, mamá hizo panqués de maíz para el desayuno.

—Panqués de maíz azul, mis favoritos. —dijo Carlos, al untarle miel a un panqué. —¿De dónde sacamos maíz azul?

—Pero Carlos ¿no te acuerdas? —le preguntó Papá, conteniéndose la risa. —Tú mismo lo plantaste. —Y con eso, Papá se golpeó las rodillas y soltó una carcajada.

Dándose cuenta de que había comprado maíz azul en vez de maíz amarillo, a Carlos le dio vergüenza.

—Sí, Papá. —Carlos le dijo un poco apenado. Entonces se empezó a sonreír. —Pero me acordé de lo que me habías dicho, cosechas lo que siembras.

"That's right, Carlos," his father said. "By the way, I saw Señor Lopez the other day. He said to give you this."

And without another word, Papá reached across the table and handed Carlos the red knife.

—Así es Carlos. —le contestó su papá. —Por cierto, vi al señor López el otro día. Me dijo que te diera esto.

Y sin decir otra palabra, Papá extendió la mano por encima de la mesa y le dio la navaja roja a Carlos.

Cornmeal Pancakes

(Use yellow or blue cornmeal)

1 egg

1 cup buttermilk

2 tablespoons salad oil

$^1/_2$ cup flour

$^1/_2$ cup cornmeal

1 tablespoon sugar

1 teaspoon baking powder

$^1/_2$ teaspoon baking soda

$^1/_2$ teaspoon salt

Beat egg. Add remaining ingredients and beat until smooth. Grease heated griddle or frying pan. To test, sprinkle with a few drops of water. If the drops dance, the skillet is hot enough. Pour batter into small pancakes on skillet or griddle. Turn pancakes as soon as they are puffed and full of bubbles but before the bubbles pop. Bake until golden brown on the other side.

Serve hot with butter and syrup or honey.

Panqués de maíz

(Use harina de maíz amarilla o azul)

1 huevo

1 taza de leche agria (buttermilk)

2 cucharadas de aceite

½ taza de harina

½ taza de harina de maíz

1 cucharada de azúcar

1 cucharadita de levadura en polvo

½ cucharadita de bicarbonato de soda

½ cucharadita de sal

Se bate el huevo. Se agregan los demás ingredientes y se baten hasta que estén bien mezclados. Se engrasa el comal o la sartén. Para comprobar que está caliente deje caer unas gotas de agua y si las gotas bailan, el comal está listo. Se vierte el batido para formar pequeños panqués en el comal. Se voltean los panqués tan pronto como estén esponjados y llenos de burbujas pero antes de que se revienten las burbujas. Se cuecen hasta que estén dorados de los dos lados.

Se sirven calientes con mantequilla, jarabe o miel.

Steve Marcus

About the Author

Jan Romero Stevens was born in Las Vegas, New Mexico, and has lived all her life in New Mexico and Arizona. She has always been entranced by the culture, history, food, and people of the Southwest. Now living in Flagstaff, Arizona, with her husband, Fred, and two sons, Jacob and Paul, Jan is exploring her Hispanic heritage by studying Spanish with her children. The response of children throughout Arizona to her English and Spanish readings of her first children's book, *Carlos and the Squash Plant,* inspired Jan to complete its sequel, *Carlos and the Cornfield.* In addition to writing for children, Jan has written for newspapers and magazines for sixteen years.

Joe Arnold

About the Illustrator

Jeanne Arnold is a freelance illustrator and painter who lives with her husband in Salt Lake City, Utah. She enjoys gardening, hiking and skiing in the nearby mountains, and backpacking in the Southwest desert. She previously illustrated *When You Were Just a Little Girl,* by B.G. Hennessy (Viking) in addition to *Carlos and the Squash Plant.* She turned to Mexican painters such as Diego Rivera, Latin American folk artists, and Taos painters for inspiration in capturing the regional and Hispanic flavor of both *Carlos and the Squash Plant* and *Carlos and the Cornfield.*